Comparación de enseñanzas y creencias básicas

Islam y Cristianismo

- Cómo alcanzar a los musulmanes
- Cómo resolver los malos entendidos

ROSE
ESPAÑOL

Historia religiosa

Creencia de los musulmanes

El islam, la religión original
Los musulmanes creen que el islam (que significa sumisión a Alá) es la religión original desde la creación de Adán, el primer profeta. Desde el principio de los tiempos, todos los que se someten a Alá se denominan musulmanes. A través de los siglos, Alá designó miles de profetas que advertían y guiaban a la humanidad. Los más destacados entre ellos fueron *Ebrahim* (Abraham), *Musa* (Moisés), *Dawud* (David) e *Isa Al Masih* (Jesús el Mesías).

Mahoma, el último profeta
El hombre se apartó del camino de Alá revelado por los profetas. Alrededor del 610 d.C. en Arabia, Alá envió el último profeta: Mahoma, quien unió a las tribus de árabes y los llevó de la idolatría al islamismo.

La difusión del islam
A la muerte de Mahoma en el 632 d.C., el islam sunni se dispersa con rapidez desde Arabia bajo el liderazgo de los primeros cuatro califas "bien guiados" que habían sido compañeros allegados a Mahoma. El islam shia comenzó a difundirse con rapidez por medio de las enseñanzas de los imanes "infalibles", descendientes directos de Mahoma. Para los musulmanes, la expansión militar y económica del islam liberó a las personas que sufrían bajo los corruptos imperios bizantino y persa.

Creencia de los cristianos

Adán y Jesús
Los orígenes de la historia religiosa de los cristianos también se remontan a Adán, quien acarreó la maldición del pecado sobre toda la humanidad (Gén. 1–3). En la Biblia, a Jesús se lo conoce como el segundo Adán que vino a eliminar la maldición del pecado (Rom. 5).

Abraham y Jesús
El plan de Dios se cumple minuciosamente con el paso de la historia. Abraham (*Ebrahim* en árabe) recibió la promesa de la bendición de cumplir los propósitos eternos de Dios. Fue bendecido para que pudiera ser una bendición a todas las familias de la tierra (Gén.12:1-3; Gál. 3). Jesús es la simiente prometida de Eva que herirá la cabeza de Satanás (*Shaytan* en árabe, Gén. 3:15) y que traerá la bendición de las "buenas nuevas" (*injil* en árabe).

La victoria de Jesús
Una gran guerra causa estragos en la creación; es una lucha en la que Satanás ha transformado todas las cosas buenas, incluso la religión, en armas para desacreditar a Dios. La batalla decisiva de esta guerra fue ganada en la cruz cuando Jesús destruyó el poder de Satanás y venció la maldición del pecado. Al resucitar, Jesús también venció la muerte, consecuencia de la maldición, y de ese modo ofrece la bendición de la vida eterna a la humanidad.

Cómo corregir los malos entendidos

Malos entendidos
La historia religiosa entre cristianos y musulmanes está plagada de guerras y de sangre, como gran parte de la historia de la humanidad. Ambas partes usaron el nombre de Dios para justificar los delitos y las muertes. Varios eventos clave de la historia siguen afectando la percepción tanto de cristianos como de musulmanes. Entre ellos podemos mencionar la expansión islámica (600–800 d.C.), las cruzadas (1000–1200 d.C.), la proclamación del estado de Israel en 1948, el ataque al World Trade Center, las guerras del Golfo en 1991 y en 2003, entre otros.

Corrección de los malos entendidos
Los historiadores señalan que estas "guerras santas" de la historia fueron más por cuestiones económicas que por la fe. Sin embargo, la lucha económica no puede explicar el odio intenso, la crueldad o la maldad intencional de un guerrero en las cruzadas, un nazi o un terrorista suicida. Detrás de estos horrores hay una profunda guerra espiritual y un enemigo vengativo llamado Satanás. Ni los cristianos ni los musulmanes deben perder de vista a Satanás que es el "enemigo de las almas". Mediante el reconocimiento del enemigo en común, los cristianos podrán crear un contexto en el cual construir relaciones con musulmanes.

¿Quién es Dios?

Creencia de los musulmanes

Alá es uno
La absoluta unicidad de Alá es algo primordial para los musulmanes. El mayor pecado es asociarle un compañero. Ese pecado se denomina *shirk*. El mensaje de Mahoma que propugnaba un solo Dios fue valiente, porque en su época la idolatría era sumamente popular en Arabia. Mahoma puso en tela de juicio este sistema, y finalmente se impuso con el mensaje de monoteísmo. El Islam se fundamenta en el compromiso de creer en un solo Dios.

Alá no puede ser comparado
Alá es trascendente y no se lo puede comparar con los seres humanos ni con ninguna cosa creada. Los atributos y el carácter de Alá se revelan en sus 99 nombres árabes; los más reconocidos son "el misericordioso" y "el compasivo". En el Islam jamás se describe a Alá con términos humanos referidos a la familia como "padre" o "hijo". A través del Corán, él revela su voluntad para que la humanidad obedezca, y no su persona para que la humanidad lo conozca y se relacione con él.

El atributo supremo de Alá: su voluntad
Alá es el creador y el sustentador de la vida, tanto espiritual como física. Su voluntad es absoluta y no puede ser cuestionada por sus criaturas. Él es nuestro juez final sin un mediador. En el día del juicio, tendrán mejores posibilidades los que llevaron vidas rectas y en sumisión a la voluntad de Alá (*Insha Allah* - si Dios quiere).

Creencia de los cristianos

Dios: una unidad y no un ítem
La Biblia enseña que hay un solo Dios, pero es una unidad compleja y no un simple módulo. Él es absolutamente único, un Dios personal que se relaciona desde la eternidad.
Dios el Padre, Dios el Hijo, Dios el Espíritu Santo
Las Escrituras revelan a Dios como el Padre supremo, en nombre, en carácter y en persona, pero siempre como el Creador, sin referencias sexuales. Dios también se revela como el Verbo eterno que se hizo carne cuando el Espíritu Santo cubrió con su sombra a la virgen María, que concibió a Jesús, el Mesías, que en la Biblia se lo menciona como el Hijo de Dios. En sus enseñanzas, Jesús revela en detalle a Dios el Espíritu Santo, enviado por él mismo y por el Padre.
La Biblia presenta un misterio de tres personas reveladas como un solo Dios. Aunque la palabra "trinidad" no figura en la Biblia, el término capta las verdades bíblicas acerca de Dios. El Padre, el Hijo y el Espíritu Santo son Dios, y no tres partes de Dios ni tres nombres para la misma persona. Dios se revela a sí mismo como una tri-unidad.
El atributo supremo de Dios: su amor
La Biblia dice: "Dios es amor". Este amor existió desde la eternidad porque el Padre amó al Hijo desde antes de la fundación del mundo. El amor de Dios se manifiesta a través de la creación. Dios no solo eligió amar sino que su Amor eligió actuar. "De tal manera amó Dios al mundo, que ha dado a su Hijo…" (Juan 3:16).

Cómo corregir los malos entendidos

Malos entendidos
La mayoría de los musulmanes consideran que los cristianos son politeístas (personas que creen en muchos dioses) debido a la trinidad. Un error difundido acerca de la trinidad es que los cristianos creen que el Padre Dios tuvo relaciones sexuales con una Madre Dios (María) para concebir un "Hijo de Dios". Ningún cristiano cree eso. Los musulmanes educados comprenden que esta falsa trinidad no es lo que los cristianos creen, pero igualmente no entienden cómo las matemáticas podrían demostrar la unidad de Dios. Ellos hacen: 1+1+1=3; Padre + Hijo + Espíritu Santo = tres Dioses. Los cristianos no creen esto.

Corrección de los malos entendidos
En vez de usar la analogía de añadir unidades (1+1+1=3), la Trinidad se ha explicado, diciendo que es la multiplicación de un todo (1x1x1=1). La Biblia dice que Jesús es el "el Verbo (o la Palabra) eternal de Dios", que se reveló en la carne a través del nacimiento virginal. El Corán define a Cristo como "Verbo de Dios" y "Espíritu de Dios", y afirma su nacimiento virginal y sus milagros, incluso la resurrección de muertos. Los musulmanes también creen en la segunda venida de Jesús, porque el Corán menciona "el día de su regreso". A los musulmanes les agrada mencionar cómo el Corán honra a Jesús. Sin embargo, dichas referencias positivas en el Corán son pocas al compararlas con la historia completa de Jesús preservada por Dios.

Palabras y términos útiles

Aunque el 80% de los musulmanes no conversa en árabe, todos usan algunos términos y frases en ese idioma porque el islam exige uniformidad. Por ejemplo, los nombres árabes de todos sus profetas, incluso el de Jesucristo, son fácilmente reconocidos por los musulmanes. Lo mismo sucede con el saludo musulmán: "*Salaam alaykum*", porque Mahoma exigió su uso. Si un cristiano emplea algunas palabras en este idioma puede ayudar a disipar algunos malos entendidos, pero también puede dar la impresión de que uno desea convertirse al islam. Es un riesgo que vale la pena afrontar en la transmisión de las Buenas Nuevas como un mensaje verdadero y positivo, en vez de una influencia que produce corrupción. Las siguientes frases y términos serán de gran utilidad para usarlos con los musulmanes. Sería bueno que le pida a su amigo musulmán que lo ayude con la pronunciación de estos términos árabes.

Salaam Alaykum (saláam aláikim), significado literal: "que la paz sea contigo" es casi idéntica a la frase aramea pronunciada por Jesús cuando se les apareció a los discípulos luego de la resurrección (Luc. 24:36; Jn. 20:19).

Isa Al Masih (ísa al mashí), significado literal: "Jesús el Mesías". El término "Masih" es parecido a la palabra hebrea. Resulta evidente que "Isa" para Jesús es una adaptación árabe a lo largo de seis siglos de la palabra hebrea "Yeshua".

Insha Allah (inshá alá), que significa: "si Dios quiere". Esta frase muy común con frecuencia acompaña una expresión de deseo o intención y a veces, de resignación al destino. Es una expresión del atributo supremo de Alá: su voluntad absoluta.

Bismallah (bishmalá), significado literal: "en el nombre de Alá". Es una invocación usada con frecuencia por los musulmanes. La versión más larga: *Bismallah ir-Rahman ir-Rahim* significa: "en el nombre de Alá, el compasivo, el misericordioso". Como forma de honrar a sus amigos musulmanes, los cristianos pueden solicitar su ayuda para memorizar y para pronunciar correctamente esta frase árabe porque algunos términos similares están en gran manera arraigados a la interpretación bíblica.

Injil (injíl), este término se refiere al "libro dado a Jesús" y es parecido a la palabra griega *evangel*, que significa "buenas nuevas". Los musulmanes no creen que exista un *injil* en la tierra que no esté viciado. Los cristianos con frecuencia se refieren a los Evangelios o a uno solo como "el injil" cuando conversan con los musulmanes.

Taurat of Musa (torát músa), significado literal: "La Torá de Moisés", el libro dado a Moisés. Los cinco primeros libros de la Biblia.

Zabur of Dawud (zabúr dáuvud), significado literal: "Salmos de David", el libro dado a David. Los Salmos.

Ebrahim (ebrajím), significado literal: "Abraham".

Sunna (súna), significado literal: "camino transitado" por Mahoma y sus compañeros cercanos. El *Sunna* (los ejemplos de Mahoma) son la base de la ley *Sharia*.

Sunni (súni), significado literal: "uno en el camino"; así se identifican la mayoría de los musulmanes (90% en el mundo) en contraste con los *Shiite*.

Shiite or Shia (shíita o shía), significado literal: "de parte de Alí" (10% en el mundo). Creen que el sucesor adecuado de Mahoma debería ser su pariente consanguíneo comenzando con Alí. El cisma *Sunni-Shia* sucedió a poco de la muerte de Mahoma en una violenta disputa sobre quién habría de liderar a la comunidad musulmana.

Sharia (sharía), ley religiosa islámica basada en el *Sunna* y el *Hadith*. Los eruditos *Sunni* desarrollaron cuatro escuelas de interpretación que recibieron el nombre de sus fundadores: Hanafi (fallecido en 767), Maliki (fallecido en 795), Shafii (fallecido en 820) y Hanbali (fallecido en 855). *Shia* tiene sus propias escuelas similares.

Hadith (jadíz), informe de los dichos o conducta de Mahoma que sentó el precedente para las prácticas musulmanas y sirvió de fundamento para la *Sharia*.

Sufi (súfi), místicos musulmanes que pueden ser *Sunni* (sunita) o *Shia* (chiíta) y que abarca desde los narradores que procuran amar a Alá y su sabiduría hasta aquellos que inducen trances al salmodiar los nombres de Alá o por medio de la danza (como lo hacen muy bien entrenados bailarines derviches con su peculiar danza).

Shaytan (shaitán), Satanás, el diablo. Algunos musulmanes se refieren a la conducta maliciosa con este término (como diabólico).

Shirk (shirk), "relacionar". Idolatría o blasfemia. Igualar a otros con Dios.

Tawheed (toujíd), "calidad de único". Término usado para referirse a Alá como único.

Notas y referencias

"Alá" y "Dios"
Alá es el nombre correcto y pre-islámico en árabe para denominar a Dios. Los cristianos que hablan árabe lo usan hoy en día al igual que los musulmanes. La palabra Dios proviene del latín *Deus* y del griego *Theós* (el Creador). [Se desconoce el origen del vocablo inglés "God" (Dios) que puede haber derivado del nombre dado a Dios en el antiguo alto alemán: *Gott*. La palabra "God" jamás fue usada en los escritos antiguos en hebreo, arameo, griego o latín.] Aunque todos los musulmanes usan el nombre árabe Alá, solo el 20% son árabe parlantes nativos. Los musulmanes de otras lenguas tienen otro nombre para Dios; por ejemplo, los pueblos que hablan el farsi usan "Khodah". Los traductores bíblicos suelen emplear el término usado en la lengua nativa para referirse a Dios, el Creador de todo.

Musulmán
Esta palabra proviene del árabe *muslim* que deriva de la misma raíz que el vocablo para paz (*salam*). Nótese que la raíz triconsonántica _S_L_M_ la comparten los siguientes términos relacionados: **S**A**L**A**M**, I**SL**A**M**, MU**SL**I**M**. La raíz y sus derivados son similares a la palabra hebrea "*Shalom*" que significa paz.

Barika o Barikat
Literalmente significa "bendición", un término que se transmite bien a los musulmanes. *Barika* es un tema bíblico central presentado por primera vez por Dios a Abraham (Ebrahim) en Génesis 12:1-3 y acerca del Evangelio (*Injil*) en Gálatas 3.

Pilares
Todos los musulmanes se refieren a los cinco pilares de la religión (conocidos como *arkan-ad-din* en árabe) por su nombre árabe, con independencia de su idioma natal.

- **Confesión de fe** (*Shahada*) es una declaración pública recitada en árabe que significa: "No hay deidad salvo Alá; Mahoma es el apóstol de Alá". Hacer esta confesión es el primer paso para convertirse en musulmán. El islam exige que todos repitan esta confesión en árabe.
- **Oración** (*Salat*) es un ritual establecido que debe realizarse en cinco momentos específicos del día (a veces se los combina en tres sesiones), memorizado en árabe y con abluciones rituales previas. Para que las oraciones tengan validez deben cubrirse la cabeza, apuntar con el cuerpo en dirección a La Meca y cumplir con determinados movimientos y genuflexiones.
- **Ayuno** (*Sawm*) se trata de un evento comunitario anual para todos los musulmanes (excepto los niños, las embarazadas y los viajantes). El ayuno dura todo el mes lunar conocido como *Ramadán* e incluye la abstinencia de comida, bebida y placeres durante las horas del día. Al atardecer, cuando finaliza el ayuno del día, hay una comida especial (*iftar*) y otra antes de que amanezca. En los países dominados por los musulmanes se suele producir un cambio en las actividades: duermen más de día y festejan por la noche.
- **Ofrendas** (*Zakat*) es obligatorio para el musulmán entregar el 2,5% de las posesiones, principalmente a los pobres y para ciertas causas como "el camino de Alá" (que en determinadas circunstancias puede significar la *yihad*).
- **Peregrinación a La Meca** (*Haj*) debe realizarse al menos una vez en la vida, siempre y cuando el musulmán pueda costear el viaje. Se impone la uniformidad en la forma de vestirse (de blanco) y en afeitarse la cabeza (para los hombres). El objetivo es copiar el modelo establecido por Mahoma y llevar a cabo los diversos rituales tal y como él los hizo. Claman para obtener varios méritos y para que les sea quitado el peso del pecado como preparación para la balanza del día del juicio.

Leyendas para las fotos e ilustraciones

Anillo (pág. 2): Afganistán es famosa por su piedra lapislázuli azul oscuro que aquí vemos engarzada en una sortija de plata hecha a mano que exhibe un símbolo evidente de la trinidad. Aunque el significado pueda pasar inadvertido en esta nación musulmana, se trata de un antiguo símbolo cristiano de la Triple-unidad y la eternidad.

Traducciones árabes del *Injil* (Evangelio) de Lucas y del *Taurat* (Génesis) (pág. 3): Los musulmanes tratan los libros con enorme respeto, los apoyan en estantes especiales y algunos los envuelven en telas protectoras.

Ilustración de Mahoma y el arcángel Gabriel (pág. 4): Copia de un manuscrito turco del siglo XVI llamado *El Progreso del Profeta*. Nótese que el profeta está cubierto por un velo para evitar el sacrilegio.

La Kaaba (pág. 5): Se trata de un edificio cúbico en La Meca hacia donde oran los musulmanes. Los musulmanes creen que la *Kaaba* fue un altar usado por *Ebrahim* (Abraham).

Portada y publicidad de la revista *Time* (pág. 9): Ambas fotos muestran algunos de los malos entendidos más comunes acerca de la cultura occidental.

Sagradas Escrituras

Creencia de los musulmanes

La única Escritura confiable
Según los musulmanes, existe una sola santa Escritura verdadera: el Corán. Antes de Mahoma, muchos profetas recibieron la palabra de Alá, entre ellos: *Musa* (Moisés) que recibió el *Taurat* (la Torá), *Dawud* (David) que recibió el *Zabur* (los Salmos) e *Isa* (Jesús) que recibió el *Injil* (Evangelio). Sin embargo, a los musulmanes les enseñan que todas estas escrituras están viciadas, por eso Alá designó a Mahoma para que recibiera el Corán con el objeto de corregir dicha corrupción.

Cómo obtuvieron el Corán los musulmanes
En el 610 d.C., el ángel Gabriel es enviado por Alá a Mahoma en La Meca, Arabia Saudita. Durante 22 años, Gabriel reveló *suras* (capítulos) a Mahoma con el mandamiento que debía transmitir a los demás. Poco después de la muerte de Mahoma en el 632 d.C., sus seguidores reunieron los *suras* en el Corán. El tercer califa Uthman hizo que algunos estudiosos compilaran por escrito el Corán oficial y todos los otros ejemplares se quemaron.

El Corán hoy
Se lo considera sagrado en su escritura original arábiga y los musulmanes lo memorizan y lo repiten sólo en su lenguaje puro.

Creencia de los cristianos

Cómo obtuvieron la Biblia los cristianos
Los seguidores de Jesús creen que la Biblia es la palabra autorizada e inspirada por Dios, compuesta por 66 libros diferentes y transmitida por al menos 40 profetas, apóstoles y hombres santos. Los primeros 39 libros, escritos antes de la llegada de Cristo, se denominan Antiguo Testamento. El Antiguo Testamento se escribió en varios siglos, tiene distintos autores de culturas diversas y se emplearon los idiomas hebreo y arameo. Los 27 libros restantes, después de Cristo, se conocen como Nuevo Testamento. Fueron escritos en griego, el idioma dominante del primer siglo. El Nuevo Testamento es una recopilación de informes de testigos oculares acerca de la vida y las enseñanzas de Jesús seguida por la historia de sus discípulos durante los 50 años siguientes. Se incluyen cartas de los apóstoles de Jesús y una visión de los últimos tiempos llamada: "Apocalipsis".

Inspiración
La postura cristiana en cuanto a la inspiración es que Dios impartió su Palabra por medio de muchas personas. De ahí que la Biblia refleje culturas tan diversas como el estilo de vida nómade de Abraham y la corte real del rey David. El resultado es un libro de una maravillosa diversidad humana integrada por la unidad divina.

Cómo corregir los malos entendidos

Malos entendidos
Los musulmanes lamentan que los cristianos guarden las enseñanzas de un libro corrupto y la mayoría evita la Biblia. Incluso entre los musulmanes instruidos de occidente, la gran diversidad de versiones y traducciones bíblicas solo sirve para confirmar su creencia de que la Biblia está viciada.

Corrección de los malos entendidos
Mahoma no cuestionó la fidelidad de la Biblia. La acusación de que la Biblia estaba viciada fue siglos después de Mahoma, cuando los estudiosos musulmanes notaron que había contradicciones entre el Corán y la Biblia. No obstante, el Corán señala más de 120 veces que la Biblia es veraz. El texto de la Biblia se preservó mejor que los escritos de Platón y Aristóteles. Es más, el descubrimiento de los rollos del mar Muerto confirmaron la fiabilidad de la Biblia.

Pensar en la posibilidad de que algún hombre pudiera corromper la verdadera Palabra de Dios es empequeñecer a Dios. Dios está comprometido, por su nombre, a proteger su Palabra (Sal. 138:2). La mejor defensa de la integridad de la Biblia es la naturaleza, el poder y la reputación de Dios.

Los profetas

Creencia de los musulmanes

Mahoma, el sello de los profetas
Para los musulmanes, el profeta Mahoma denominado "sello de los profetas", es el último de más de 124.000 profetas que sucedieron a Adán. Su nombre significa "el alabado" y es elogiado por Alá en el Corán.

Mahoma, el reformador
La Meca fue el centro de adoración idólatra en el 610 d.C. cuando Mahoma desafió a la gente a que renunciara a la idolatría y aceptara el islam. La mayoría de los mecanos rechazaron este mensaje y muchos iniciaron una persecución de los primeros musulmanes lo que provocó que huyeran a Medina en el 622 d.C. (Esta migración se conoce con el nombre de *hijara* y señala el primer año del calendario islámico.) Medina fue mucho más receptiva para Mahoma y desde allí, por medio de batallas y de la diplomacia, el islam se difundió en toda la península arábiga antes de la muerte de Mahoma en el 632 d.C.

Mahoma, el ejemplo perfecto a seguir
Los musulmanes intentan seguir el ejemplo de Mahoma conocido como *sunna* (camino o senda) al pie de la letra. Todo está establecido, desde las abluciones rituales antes de orar hasta las prácticas higiénicas en el sanitario. Esta conducta detallada se conoce a través de largas recopilaciones de *hadith*, informes de la vida, las palabras y la conducta de Mahoma transmitidos por sus primeros seguidores.

Creencia de los cristianos

Profecía del Antiguo Testamento
Los escritores del Nuevo Testamento proclamaron a Jesús como el cumplimiento de la ley de Moisés (*Taurat*) y de las predicciones de los profetas del Antiguo Testamento. En el Nuevo Testamento se hace referencia a dichos profetas. Por ejemplo, Mateo cita a varios profetas en cuanto al nacimiento de Jesús en Belén (Miq. 5:2), a su madre virgen (Isa. 7:14) e incluso la matanza de niños por parte del rey Herodes (Jer. 31:15). Los profetas también describen el sufrimiento, la muerte y la resurrección de Jesús (Isa. 53; Sal. 16:8-11). La Biblia señala que Dios planificó y cumplió cada uno de los detalles del ingreso de Jesús a la historia (Luc. 24:27; Hech. 3:18).

Advertencia de Cristo acerca de los falsos maestros
La Biblia contiene numerosas advertencias acerca de los falsos maestros y profetas. Jesús predijo que en los últimos tiempos abundarían (Mat. 24:11). De ahí que cada enseñanza deba ser juzgada frente a la verdad revelada de la Biblia. Jesús también prometió que el Espíritu Santo ("el Espíritu de verdad") guiaría a los buscadores a toda verdad (Juan 14–16).

Cómo corregir los malos entendidos

Malos entendidos
Al conversar con los musulmanes, evite atacar a Mahoma. Como es tanto lo que imitan de él, insultar a Mahoma sería un ataque frontal a toda la vida y la cultura de la persona.

Corrección de los malos entendidos
Es sabio tratar de encontrar puntos en común y aceptar que Mahoma tiene grandes similitudes con los profetas del Antiguo Testamento. Al igual que David y Salomón, fue un líder político y militar con muchas esposas. Unió tribus y las condujo a la batalla como Moisés y Josué. Y al igual que Elías y muchos otros profetas destruyó ídolos y confrontó al poder político y económico de la época.

Así como los profetas del Antiguo Testamento ansiaban la llegada del Mesías que habría de venir, Mahoma consideró a Jesús el Mesías con respeto y admiración. El Corán menciona a *Isa Al Masih* (Jesús) como "palabra de Dios" y "Espíritu de Él" (Sura 4:171). Reconoce el nacimiento virginal y el rol fundamental en los últimos tiempos.

Los seguidores de Jesús no tienen que negar ni tampoco adoptar a Mahoma para poder exaltar al Mesías. Lo importante no es desprestigiar a Mahoma sino ensalzar a Jesús.

Religión y cultura

Creencia de los musulmanes

Los musulmanes y su visión holística del mundo
Los musulmanes consideran la religión como un estilo de vida integral. Las culturas seculares, influidas por el cristianismo, pueden confundir e incluso enojar a los musulmanes que ven las cosas a través de su visión holística del mundo. Con frecuencia interpretan la "sexualidad de Hollywood" como "cristiana" y las acciones militares como una "cruzada". Para ellos, la cruz es un símbolo militar.

La comunidad islámica
En el islam se enfatizan la fraternidad y el consenso, y se evita el individualismo. La "comunidad de los fieles" es la responsable de hacer respetar el código moral. Esto explica por qué un musulmán solo, fuera de la estructura de apoyo de su comunidad, no se siente tan culpable cuando infringe el código. Sin embargo, provocar la vergüenza de su familia o de la comunidad sería un pecado grave.

Evitar la vergüenza y proteger el honor son las motivaciones principales de la mayoría de los musulmanes. La vergüenza y el honor están relacionados con la comunidad en contraste con el sentido de culpa individual.

Los musulmanes radicales, conocidos como islamistas o yihadistas, emplean este sentido de la vergüenza y el honor para reclutar y motivar a sus seguidores.

Creencia de los cristianos

La visión occidental del mundo
Los seguidores de Jesús creen que deben producir un impacto en la cultura en nombre de Cristo yendo a todas partes del mundo para llevar el mensaje de Jesús a todos los pueblos (Mat. 28:19,20). En occidente, existe una división entre cultura y religión. La religión es independiente del gobierno y algunas personas cuestionan cualquier influencia de la religión sobre los símbolos y las instituciones del Estado.

La comunidad en occidente
Los seguidores de Jesús influyen en la cultura occidental y en las instituciones, pero parecen ser una influencia en remisión. La cultura occidental defiende el individualismo y algunas personas evitan la responsabilidad de la comunidad. La tolerancia del pecado y las prácticas antibíblicas siguen diluyendo el verdadero mensaje cristiano; el evolucionismo y el ateísmo también continúan influyendo al cada vez más secular occidente. Solo una minoría de los occidentales se consideran seguidores de Jesucristo. La mayoría sencillamente se considera cristiano nominal, no sigue las enseñanzas de la Biblia, y la desconoce en gran medida. Por lo general, la cultura occidental no tiene un sentido de ser una "comunidad de fieles".

Cómo corregir los malos entendidos

Malos entendidos
Hace poco, la revista Time publicó una nota de portada con un interrogante: "¿Deben los cristianos convertir a los musulmanes?". La gráfica representa un puño con apariencia militante que sostiene una cruz de metal que recuerda la espada de las cruzadas. Esta imagen simboliza muy bien algunos malos entendidos característicos de los musulmanes, en especial cuando se observa la publicidad de cigarrillos en la contraportada. El aviso muestra a una modelo sensual, como una diosa, y hombres a sus pies adulándola. Ambas imágenes exhiben algunos de los temores de los musulmanes: ser militarmente dominados y moralmente corrompidos por el "cristianismo".

Corrección de los malos entendidos
El desafío es presentar una perspectiva correcta de la cruz. La película de Mel Gibson "La pasión de Cristo" fue vista por musulmanes de todo el mundo. Pudieron ver la cruz como símbolo de sufrimiento y no como un ícono militar o político. Los seguidores de Jesús, por medio de las palabras y las acciones, son llamados a demostrar a los musulmanes que Dios ama tanto a todas las personas que Jesús murió en una cruz. También venció a Satanás y la muerte al resucitar de entre los muertos. Jesús posibilitó que todos los hijos de Dios vivieran con Él para siempre. Estas "buenas noticias" podrían resultar atractivas a los musulmanes.

El rol de la mujer

Creencia de los musulmanes

La perspectiva de la mujer musulmana
Las mujeres musulmanas por lo general se consideran protegidas y satisfechas dentro de su cultura. Su vida social plena se desarrolla en forma separada de los hombres, principalmente dentro de la familia extendida y algunas vecinas cercanas.

La protección de la mujer musulmana
Las mujeres son reconocidas por el islam. Es más, Mahoma puso fin a la práctica del infanticidio femenino, ampliamente practicado con anterioridad. El honor de una mujer es una preocupación importantísima en las sociedades musulmanas. La reputación de la familia está relacionada con las mujeres. El islam ayuda a mantener los roles y las expectativas previas a Mahoma. El código de vestuario modesto es para proteger a las mujeres. Si son vistas sin sus ropas sueltas o el velo, los hombres pueden juzgar a la mujer por su apariencia o pueden intentar abusar de ellas. Las mujeres musulmanas no necesitan llevar velo o ropas sueltas en el hogar o cuando solo hay mujeres presentes.

Poligamia
Como el matrimonio y la crianza de los hijos son altamente valorados en el medio oriente, se permite la poligamia con ciertas restricciones. El islam establece un límite de cuatro esposas y exige un trato igualitario.

Creencia de los cristianos

La perspectiva de la mujer cristiana
Los cristianos creen la enseñanza bíblica de que el hombre y la mujer fueron creados a la imagen de Dios; gozan de una relación directa con Él y comparten las responsabilidades de crianza de los hijos y de regir sobre el orden creado (Gén. 1:26-28). Esposos y esposas cristianos deben someterse el uno al otro. La mujer debe respetar a su esposo; el esposo debe amar de manera sacrificial y desinteresada a su esposa, como Jesucristo amó a la iglesia (Ef. 5:21-25).

La protección de la mujer cristiana
Las mujeres cristianas deben vestirse en forma modesta (1 Tim. 2:9) y todos los seguidores de Jesús deben huir de la inmoralidad sexual (1 Cor. 6:18).

No conformarse al mundo
Los seguidores de Jesús creen que deben ser transformados por medio de la renovación del entendimiento y evitar conformarse a los modelos del mundo secular (Rom. 12:2). Los problemas surgen cuando los cristianos se adaptan más a la cultura secular occidentalizada que a la Biblia. Cuando esto sucede, se produce una declinación moral que conduce al aumento de la inmoralidad sexual, el alcoholismo, el engaño, el egoísmo, la violencia y otros pecados.

Cómo corregir los malos entendidos

Malos entendidos
Los valores occidentales entran en conflicto con los valores musulmanes en referencia a las mujeres más que con cualquier otra cosa. Existen diversos problemas en las sociedades musulmanas en cuanto a las mujeres. No obstante, el secularismo y la liberación femenina también ocasionaron muchos inconvenientes al occidente "cristiano".

Corrección de los malos entendidos
Los cristianos que con frecuencia se concentran en la situación difícil que aflige a las mujeres musulmanas, no comprenden que muchas de sus "soluciones" occidentales son más temibles que el problema que pretenden señalar. Muchas mujeres musulmanas prefieren su estilo de vida a la soledad, a la explotación sexual y al deseo desmedido por el dinero que convierte al hogar y a la familia en cosas sin importancia.

Las sociedades dominadas por el islam desde hace mucho tiempo tienen problemas que necesitan solución; pero antes de abocarse a estas cuestiones, los cristianos tienen que ocuparse de sus propios problemas culturales. Ya lo dijo Jesús: "¡Hipócrita! saca primero la viga de tu propio ojo, y entonces verás bien para sacar la paja del ojo de tu hermano" (Mat. 7:5).

Prácticas y rituales

Creencia de los musulmanes

Los cinco pilares
Las prácticas rituales del islam son los pilares de su sistema religioso. Si bien las creencias son importantes, la esencia misma de su religión es el cumplimiento de estos cinco pilares (ver detalles en la parte posterior del cuadro).

- Confesión de fe (*Shahada*)
- Oraciones (*Salat*)
- Ayuno (*Sawm*),
- Ofrendas (*Zakat*)
- Peregrinación a la Meca (*Haj*)

El objetivo de los musulmanes es imitar el modelo de Mahoma (sus palabras exactas, sus movimientos y tiempos) detallado en el *Sunna* al tiempo que cumplen con los pilares.

Yihad
Algunos musulmanes incluyen un sexto pilar: la guerra santa (*Yihad*). Esta lucha puede ser interna (una lucha del alma por hacer lo correcto) o externa (un ataque a los enemigos del islam). La interpretación de la *yihad* determina la diferencia entre los musulmanes radicales y los moderados.

Día del juicio
La creencia en la existencia de un día del juicio final motiva a los musulmanes a cumplir con estos pilares. En el Corán estas prácticas son de gran importancia.

Creencia de los cristianos

El don de la salvación
La Biblia enseña que la salvación es un regalo de Dios por medio de la fe en Jesucristo (*Isa Al Masih*) y no existen prácticas ni rituales que se puedan cumplir para ser aceptado por Dios (Ef. 2:8,9).

Los siete mandamientos de Jesús
Aunque nadie puede ser salvo por las buenas obras, los seguidores de Jesús lo sirven, lo imitan y cumplen lo que ordenó porque están llenos del Espíritu Santo. Jesús dijo: "Si me aman, guardarán mis mandamientos y mis mandamientos no son gravosos". Él dio siete órdenes específicas:

- Arrepentirse y creer (un cambio de corazón)
- Orar (como estilo de vida y de corazón)
- Ser bautizado (por agua)
- Hacer discípulos (a todas las naciones)
- Amar a Dios y a los demás (el mayor mandamiento)
- Celebrar la Cena del Señor (recordación de Jesús)
- Ofrendar (con gozo)

Hacer discípulos incluye la adoración, la comunión, el ayuno, el estudio de las Escrituras y el transmitir las buenas nuevas. Jesús dijo que sus discípulos serían reconocidos por el amor de unos por otros (Juan 13:35).

Cómo corregir los malos entendidos

Malos entendidos
Los musulmanes pueden confundirse con algunos simbolismos y rituales cristianos, como la cruz (que es un símbolo militar para los musulmanes) y el vino que se emplea en la celebración de la Cena del Señor (el alcohol está prohibido en el islam). Los cristianos se sienten confundidos por algunos rituales musulmanes.

Corrección de los malos entendidos
Si los cristianos y los musulmanes pudieran transmitirse y comprender a pleno el significado de estos símbolos y rituales, se podrían establecer relaciones significativas donde se expusiera la verdad.

Cumplir con el "sermón del Monte" (Mat. 5–7) quizás sea la mejor manera en que los cristianos podrían imitar a Jesús y explicar mejor su simbolismo a los musulmanes. El "sermón del Monte" desafía a los seguidores de Jesús a que tengan un estilo de vida recto, de humildad y amor. Resulta lamentable que en la actual cultura occidental no se enfaticen las prácticas cristianas de la oración, el ayuno y la ofrenda.

Los musulmanes necesitan amigos cristianos motivados por la gracia, que cumplan las reglas de Jesús. Jesús invita a sus seguidores a que la oración forme parte de su vida y lo hagan de manera frecuente y efectiva. Por medio de la confrontación de la maldad y la sanidad, Cristo puede ser presentado por los creyentes a sus amigos musulmanes.

La salvación y el paraíso

Creencia de los musulmanes

Recompensa y castigo
Poco menciona el Corán acerca del perdón, pero abundan las advertencias acerca del infierno. El Corán dice: "Quienes rechacen a Alá recibirán un durísimo castigo; pero los que creen y hacen buenas obras, tendrán perdón y una magnífica recompensa" (Sura 35:7). Esta gran recompensa es *janna*, el jardín del paraíso, un sitio eternal de placeres sensuales y espirituales. En el islam no existe un salvador. Eso no significa que la salvación no sea posible porque Alá es misericordioso y compasivo. Puede perdonar y lo hace, pero en primer lugar es juez.

El día del juicio
Los musulmanes le temen al día del juicio, cuando las obras de cada persona serán pesadas de acuerdo a una escala. Hay ángeles que registran cada acción, buena o mala. Los maestros islámicos le asignan un valor a cada acción relacionada con los pilares del islam. Por ejemplo, las oraciones rituales durante el ayuno o la *haj* tienen más valor que las oraciones comunes. Es más, los terroristas musulmanes sugieren que los mártires de la *yihad* tienen el paraíso asegurado. Para muchos musulmanes es impensable dejar de lado sus méritos acumulados para confiar en un Salvador.

Creencia de los cristianos

El día del Juicio
Los cristianos creen que, después de la muerte, a todas les personas los espera el juicio final donde tanto creyentes como incrédulos resucitarán. Todos serán juzgados de acuerdo a las obras que hayan hecho, pero los creyentes serán salvos porque Dios eliminó el registro que contenía los cargos en contra. Lo destruyó al clavarlo en la cruz de Jesús (Col. 2:14). Esto elimina la lista de las malas acciones registradas por cualquier ángel de los musulmanes.

El don de la salvación
Aunque la lista de las buenas acciones sobrepase la lista de las malas, eso no los hará aceptables ante Dios. La Biblia dice que eso solo ocasionaría orgullo y vanagloria; como si alguien pudiera impresionar a Dios por sus buenas obras (Ef. 2:8-10). En cambio, Dios nos acepta por medio de la justicia de Cristo, de manera que la salvación es un regalo que nadie puede ganar, ni siquiera los mártires, sino que ha sido comprada por un gran precio (la sangre de Jesús).

Una relación renovada con Dios
Además de este gran regalo, Dios el Padre adopta a los que salva para que formen parte de su familia y puedan vivir con Jesús en el cielo. Ser salvo es "nacer de nuevo" a una nueva relación con Dios (Juan 3:5).

Cómo corregir los malos entendidos

Malos entendidos
A algunos musulmanes les cuesta pensar en Alá como Abba-Padre. Cualquier visión negativa del rol paterno terrenal distorsionará la propia visión de Dios. En las culturas occidentales, los padres tienden a pecar de permisivos (más amor que disciplina). En oriente, los padres tienden a ser negligentes o autoritarios (más disciplina que amor). Dios es un Padre que manifiesta amor y disciplina. Él desea seguidores por amor, no esclavos ni hijos consentidos.

Corrección de los malos entendidos
La visión de la paternidad hace que resulte más sencillo relacionarse con Dios como Abba y acercarse como un humilde niño, dispuesto a ser amado y disciplinado. Jesús dijo que debíamos entrar al reino de Dios como niños.

El último libro de la Biblia describe la escena futura de una gran familia reunida de toda tribu, lengua, nación y etnia alrededor del trono de Dios (Apoc. 5). Sopesar las buenas obras sería algo impensable porque Jesús, el Cordero de Dios, estará sentado en el trono. Todos en esta gran multitud honrarán a Jesús como el sacrificio hecho en su lugar, tal como Dios lo ilustró de antemano cuando proveyó un carnero que muriera en lugar del hijo de Abraham (Gén. 22).

Qué hacer y qué evitar al tratar con los musulmanes

Sí, deje en claro que usted es un seguidor de Cristo; hágalo con palabras amables y un estilo de vida recto.
No crea que su amigo musulmán comprende el significado de "cristiano".

Sí, dedique tiempo a iniciar una relación. Practique la hospitalidad.
No se sorprenda si al principio lo rechazan. Ofrezca a su amigo musulmán golosinas compradas en la tienda. Evite todo lo que contenga cerdo o alcohol.

Sí, aborde sus encuentros con la intención de aprender. Formule preguntas.
No tome notas ni trate a su amigo musulmán como un proyecto académico.

Sí, corrija los malos entendidos en cuanto a lo que usted cree.
No discuta. Si él desea debatir con un cristiano, invítelo a visitar la siguiente página de internet: http://debate.org.uk/home.htm

Sí, hable de Jesús. Emplee el título *Isa Al Masih.*
No insulte al profeta Mahoma.

Sí, ore en voz alta con su amigo musulmán. Ofrézcase a orar por sus necesidades prácticas, por sanidad y por sus preocupaciones. Procure hallar la oportunidad de hacerlo y ore en el nombre de Jesús.
No comience a orar diciendo: "Padre nuestro..." porque los musulmanes tienen un concepto equivocado acerca de la paternidad de Dios (con connotación sexual). Espere hasta poder corregir ese mal entendido para usar expresiones como "Padre" o "Abba". Al principio, dirija su oración al "Dios todopoderoso" o "Señor Dios".

Sí, use la mano derecha para dar y recibir regalos.
No use la mano izquierda para comer (en especial cuando aprenda a comer con las manos). La mano izquierda se usa para higienizarse en el sanitario y la derecha para comer.

Sí, trate su Biblia con respeto. Colóquela en un estante alto. Algunos la envuelven en un paño de calidad.
No apoye la Biblia en el piso ni la coloque en el sanitario como material de lectura. Muchos musulmanes son supersticiosos en cuanto al cuarto de baño.

Sí, sea sensible a las diferencias de sexo: interactúen hombres con hombres y mujeres con mujeres.
No permita que se produzca una situación comprometedora, protéjase de posibles rumores. Un proverbio árabe reza: "Un hombre y una mujer juntos y solos son tres con el diablo".

Sí, observe el lenguaje corporal. Quítese el calzado al entrar a una casa o a un lugar de oración (en especial si ve zapatos en el umbral).
No se siente de manera que la planta del pie o la suela del calzado apunte a alguien. Si usted es mujer, no mire a los hombres directo a los ojos o, al menos, aparte un poco la mirada.

Sí, practique la modestia aun entre los musulmanes occidentalizados. Para las mujeres es muy importante porque el honor de la familia queda demostrado en su conducta y su reputación.
No considere que los musulmanes piensan como usted, aunque se vistan igual que usted.

ROSE ESPAÑOL

Publicado por Rose Español
Un sello editorial de Tyndale House Ministries

www.hendricksonrose.com

Impreso en EE UU 040222AS

Autor principal: Rev. Bruce Green (MA, Universidad Biola, 1983) se ha dedicado a tender puentes entre los musulmanes y un consorcio de iglesias evangélicas desde 1983.

Fotografías/arte: Peter Commandeur **Diseño:** Jeff Mobley

Un agradecimiento especial para: Amal Bejjani, Anne Dinnan (coordinadora de los ministerios de desarrollo de materiales para musulmanes) y Labib Madanat (secretaria ejecutiva, Sociedad Bíblica Palestina).

Traducción al español: Adriana E. Tessore Firpi

ISBN 978-0-80546-600-3

9 780805 466003

S461X *Islam y Cristianismo*